Marginales 194

Nuevos textos sagrados
Colección dirigida por
Antoni Marí

Ángel González

OTOÑOS
Y OTRAS LUCES

TUSQUETS
EDITORES

1.ª edición: mayo 2001
2.ª edición: junio 2001

Diseño de la colección: Clotet-Tusquets
Diseño de la cubierta: BM
Reservados todos los derechos de esta edición para
Tusquets Editores, S.A.- Cesare Cantù, 8 - 08023 Barcelona
www.tusquets-editores.es
ISBN: 84-8310-746-5
Depósito legal: B. 28.003-2001
Fotocomposición: David Pablo
Impresión: Grafos, S.A. - Zona franca, sector C calle D n° 36 - 08040
Impreso en España

ÍNDICE

I
OTOÑOS

EL OTOÑO SE ACERCA

El otoño se acerca con muy poco ruido:
apagadas cigarras, unos grillos apenas,
defienden el reducto
de un verano obstinado en perpetuarse,
cuya suntuosa cola aún brilla hacia el oeste.
Se diría que aquí no pasa nada,
pero un silencio súbito ilumina el prodigio:
ha pasado
un ángel
que se llamaba luz, o fuego, o vida.
Y lo perdimos para siempre.

ENTONCES

Entonces era otoño en primavera,
o tal vez al revés:
era una primavera semejante al otoño.

Azuzadas de pronto por el viento,
corrían veloces las sombras de las nubes
por las praderas soleadas.
Inesperadas ráfagas de lluvia
lavaban los colores de la tarde.
¿De cuándo ese carmín que fue violeta?
¿De dónde
el oro que era ocre hace un instante?

Los silbos amarillos de los mirlos,
el verde desvaído al que apuntaban,
la luz, la brisa, el cielo inquieto:
todo nos confundía.

Con un escalofrío repentino,
y temor, y nostalgia,

[13]

evocamos entonces
la verdad fría y desnuda de un invierno
no sé si ya pasado o por venir.

CASI INVIERNO

Alamedas desnudas,
mi amor se vino al suelo.
Verdes vuelos, velados
por el leve amarillo
de la melancolía,
grandes hojas de luz,
días caídos
de un otoño abatido por el viento.

¿Y me preguntas hoy por qué estoy triste?

De los álamos vengo.

CIEGO

¿Ciego a qué?
No a la luz:
a la vida.

¿Sordo a qué?
No al sonido:
a la música.

Abre los ojos,
oye:
nada ve,
nada escucha.

Como si al mundo entero
una nevada súbita
lo hubiese recubierto
de silencio y blancura.

ESTE CIELO

El brillo del crepúsculo,
llamarada del día
que proclama que el día ha terminado
cuando aún es de día.

El acorde final que,
resonante,
dice el fin de la música
mientras la música se oye todavía.

Este cielo de otoño,
su imagen remansada en mis pupilas,
piadosa moratoria que la tarde concede
a la débil penumbra que aún me habita.

ESTAMPA DE INVIERNO

Mientras yo en mi yacija como es debido yazgo
arropado en las mantas y las evocaciones
de días más luminosos y clementes,
por no sé qué resquicio de mi ventana entra
un cuchillo de frío,
un gris galgo de frío
que se afana en mis huesos con furia roedora.

No es de ahora, ese frío.
Viene desde muy lejos:
de otras calles vacías y lluviosas,
de remotas estancias en penumbra
pobladas sólo por suspiros,
de sótanos sombríos
en cuyos muros reverbera el miedo.

(En un lugar distante,
trizó una bala
el luminoso espejo de aquel sueño,
y alguien gritaba aquí, a tu lado.
Amanecía.)

[21]

No.
No está desajustada la ventana;
la que está desquiciada es mi memoria.

AQUÍ O ALLÍ

Quién es el que está aquí, y dónde:
¿dentro o fuera?

¿Soy yo el que siente y el que da sentido
al mundo?
¿O es el secreto corazón del mundo
—remoto, inaccesible—
el que me da sentido a mí?

Qué lejos siempre entonces ya de todo,
incluso de mí mismo;
qué solo y qué perdido yo,
aquí o allí.

II
LA LUZ A TI DEBIDA

ESTOS POEMAS

Estos poemas los desencadenaste tú,
como se desencadena el viento,
sin saber hacia dónde ni por qué.
Son dones del azar o del destino,
que a veces
la soledad arremolina o barre;
nada más que palabras que se encuentran,
que se atraen y se juntan
irremediablemente,
y hacen un ruido melodioso o triste,
lo mismo que dos cuerpos que se aman.

PRONÓSTICO

Mañana
las temperaturas más altas
apenas llegarán a los quince
años que cumplirás un día de éstos.
Tiempo inseguro, dicen los pronósticos,
con toda la razón del mundo en marzo.
Tristemente nublados al Oeste,
los vientos soplarán del Sur, aviesos,
malas noticias a la policía.
Probable es que su aliento te levante
el ruedo de la falda,
y ya veremos.

FIEL

Cuántas veces te has vuelto, en heliotropo
convertida,
a mirar lo que amabas, deslumbrada.

Así te he visto yo desde la sombra:
contempladora fiel, constante,
vencido el dulce gesto, y la mirada
absorta, densa
como un perfume,
y el sigiloso giro de tu rostro
dorándose en los últimos
resplandores de un sol que se alejaba.

QUISE

Quise mirar el mundo con tus ojos
ilusionados, nuevos,
verdes en su fondo
como la primavera.
Entré en tu cuerpo lleno de esperanza
para admirar tanto prodigio desde
el claro mirador de tus pupilas.
Y fuiste tú la que acabaste viendo
el fracaso del mundo con las mías.

A VECES, UN CUERPO
PUEDE MODIFICAR UN NOMBRE

A veces, las palabras se posan sobre las cosas como una
mariposa sobre una flor, y las recubren de colores nuevos.

Sin embargo, cuando pienso tu nombre, eres tú quien le da
a la palabra color, aroma, vida.

¿Qué sería tu nombre sin ti?

Igual que la palabra rosa sin la rosa:
un ruido incomprensible, torpe, hueco.

TAMBIÉN UN NOMBRE
PUEDE MODIFICAR UN CUERPO

Si te llamaras Elvira,
tu vientre sería aún más terso y con más nácar.
Pero tan sólo el nombre de Mercedes
depositado por mis labios en tu cintura
condensaría la forma de esa espuma indecisa
que recorre tu espalda cuando duermes de bruces.
Respóndeme cuando te diga: Olga,
y verás que en tus pechos un rubor palidece.
El nombre de María te volvería traslúcida.
Guarda silencio si te llamara por un nombre
que no pronuncio nunca,
porque si entonces respondieses
tus ojos —y los míos— se anegarían en llanto.
Una prueba final;
                          cuando sonríes
te pienso Irene,
y la sonrisa tuya es más que tu sonrisa:
amanece sin sombras la alegría del mundo.
¿Y si te llamo como tú te llamas...?
                                        Entonces

descubriría una verdad:
en el principio no era el verbo.
El nácar y la espuma,
la palidez rosada,
la transparencia, el llanto, la alegría:
todo estaba ya en ti.
Los nombres que te invento no te crean.
Sólo
      —a veces
son como luz los nombres...—
                te iluminan.

CANCIÓN DE AMIGA

Nadie recuerda un invierno tan frío como éste.

Las calles de la ciudad son láminas de hielo.
Las ramas de los árboles están envueltas en fundas de hielo.
Las estrellas tan altas son destellos de hielo.

Helado está también mi corazón,
pero no fue el invierno.
Mi amiga,
mi dulce amiga,
aquella que me amaba,
me dice que ha dejado de quererme.

No recuerdo un invierno tan frío como éste.

ESTO

Esto podría convertirse en mito o en leyenda,
o más bien en motivo de una charla banal entre un grupo de
    amigos
           aburridos.

(—Por cierto —dirá alguno—, ¿no se llamaba Elena la
    muchacha?)

Pero esto es de momento sólo vida,
incomprensible y pura vida,
un vulgar episodio de la vida.

Y duele.

Tragedia sin grandeza
que a nadie inspirará piedad ni espanto,
sólo algún comentario desdeñoso
dedicado
a la torpe actuación del agonista
cuyo infausto destino

no fue tramado por los dioses, sino
por ese pobre diablo que es él mismo.

NADA MÁS BELLO

¡Ese rayo de sol inesperado
que destella en la nieve
recién caída!

Mucho más bella era la sonrisa
que iluminaba un rostro
todavía mojado por las lágrimas.

LA LUZ A TI DEBIDA

Sé que llegará el día en que ya nunca
volveré a contemplar
tu mirada curiosa y asombrada.
Tan sólo en tus pupilas
compruebo todavía,
sorprendido,
la belleza del mundo
—y allí, en su centro, tú,
iluminándolo.

Por eso, ahora,
mientras aún es posible,
mírame mirarte;
mete todo tu asombro
en mi mirada,
déjame verte cuando tú me miras
también a mí,
asombrado
de ver por ti y a ti, asombrosa.

[45]

III
GLOSAS EN HOMENAJE A C.R.

I

Tú mismo lo dijiste:
«Aquí sí es peligroso».

                  Te referías
a la luz de las llanuras altas,
a su aire tan claro y transparente,
al paso de las aves
por los senderos del espacio,
a la brillante flota de las constelaciones,
al rumor del río Duero,
que tampoco da tregua.

Pero no se trataba sólo de eso:
en el fondo,
te estabas refiriendo a la pureza,
a la honda verdad que se desprende
de lo que vive en plenitud y es libre,
y deja
en quien contempla tanta maravilla
un poso de nostalgia
y el temor de no ser
digno de recibir dones tan altos.

¿Basta el deseo para merecerlos?
¿Qué otras credenciales avalaban
tu avidez?

Ignorabas, temías.
La luz aquella que te deslumbraba
ilumina la meta, no el camino.

Para quien anda a tientas,
y no sabe,
la noche abierta es un peligro hermoso.

II

Tal vez pretendías ser
en lo que te asombraba,
no quedar fuera sino estar en ello:
participar
en la clara labor
de la alta nube pasajera,
compartir el vuelo
de las golondrinas, capaces
de irse y de volver sin perder nada,
alentar en el viento
de primavera
y orear
la sequedad del tiempo injusto nuestro,
diluirte en la luz de la meseta
para que la llanura te respire.

Sin embargo,
para que se cumpliese tu destino
debías quedarte fuera,
desposeído, nunca dueño
de lo que deseabas.
Lo comprendiste pronto:
porque no poseemos,
vemos.
Y la indigencia decidió tu suerte:
ser el espía, el delator del mundo
en sus formas mas libres y más puras.
Delación sin traición,
denuncia clara de ningún delito,
sino revelación de lo que puede
con su ejemplo de total entrega
dignificar la vida humana.
En la inmensa justicia de la luz,
en el súbito
renuevo de los olmos, en

la solidaridad
del pino en el pinar de amanecida:
ahí estaba el peligro.

Y sin embargo
no abandonaste nunca el campo
a lo que te agredía y rehusaba;
jamás cediste
al insistente acoso
de las estrellas cada vez más próximas,
ni hurtaste el cuerpo a sus lanzadas.
Para vencer al miedo
te aliaste con el miedo,
lo hiciste tuyo,
te amparaste en su turbia compañía.
Librarte de él hubiera equivalido
a renunciar a la esperanza,
y eso jamás lo hiciste.
Aunque bien sabías
que es la esperanza la que engendra el miedo.

V

Levantaste la voz para decirlo,
alzaste tu palabra hasta dejarla
en vilo, incólume,
salvadora y salvada
en el espacio prodigioso
donde pueden pisarse las estrellas.

Y lo hiciste en un vuelo
alto y valiente
que nosotros miramos deslumbrados,
pendientes de sus giros
con la misma emoción y el mismo asombro
con que tú contemplabas
la infinita materia de tu canto.

IV
OTRAS LUCES

ALBA EN CAZORLA

Canta un gallo, mil gallos.

                          Amanece.

Luz tan cacareada
pocas veces se ha visto.
¿Qué traerá este día así anunciado
con clarines más vivos que sus llamas?

                                 (Pero

no hay fuego todavía, sólo
un atisbo de luz
en un abismo alto y transparente
que se opone a otro abismo.)

En el lugar del firmamento, nada.
Como un rubor azul renace el cielo.

(Y abajo, allá en lo hondo,
débil niebla de lana empaña el valle:
rebaños y balidos resbalan por las sendas

como movidos por un viento inquieto
que los dispersa por los olivares.)

Enigmática luz, tan clara y pura
que tan sólo se ve en lo que desvela.
¿De dónde viene ese esplendor creciente?
No es aún la luz la que ilumina al mundo;
el mundo iluminado es quien la enciende.

VIEJO TAPIZ

Todo el mundo era pobre en aquel tiempo,
todos entretejían
sin saberlo
—a veces sonreían—
los hilos de tristeza
que formaban la trama de la vida
(inconsistente tela, pero
qué estambre terco, la esperanza).
Unas hebras
de amor doraban
un extremo de aquel tapiz sombrío
en el que yo era un niño que corría
no sé de qué o hacia dónde,
tal vez hacia el espacio luminoso
que urdían incansables
las obstinadas manos amorosas.

Nunca llegué a esa luz.

Cuando iba a alcanzarla,
el tiempo, más veloz,
ya la había apagado con su pátina.

AQUEL TIEMPO

¿Con qué lo redimimos,
aquel tiempo sombrío?
¿Con qué pagamos la alegría de ahora,
el envoltorio de bisutería
que ocupa hoy el lugar
del amor verdadero, del más puro
amor forjado
en el dolor y la desesperanza?
¿Qué entregamos
como compensación de tan desigual trueque?
Las más sucias monedas: la traición, el olvido.

LUNA DE ABAJO

Luna de abajo,
en el fondo del pozo,
blanca en los charcos de la bocamina,
inmóvil
en las aguas del río
que no pueden llevarla
—a ella, tan ligera—
en su corriente.
                    Luna
que no refleja al sol,
sino a sí misma
igual que un sueño que engendrase un sueño.

Luna de abajo,
luna por los suelos,
para los transeúntes de la noche,
que vuelven a sus casas cabizbajos.

Luna entre el barro, entre los juncos, entre
las barcas que dormitan en los puertos; luna

que es a la vez mil lunas y ninguna,
evanescente, mentirosa luna.
tan próxima a nosotros, y no obstante
aún más inalcanzable que la otra.

UN LARGO ADIÓS

Qué perezoso día
que no quiere marcharse
hoy a su hora.
    El sol,
ya tras la línea lúcida
del horizonte,
tira de él,
lo reclama.
    Pero
los pájaros lo enredan
con su canto
en las ramas más altas,
y una brisa contraria
sostiene en vilo el polvo
dorado de su luz
sobre nosotros.
Sale la luna y sigue siendo el día.
La luz que era de oro ahora es de plata.

VERSOS AMEBEOS

I

Hay mañanas en las que no me atrevo a abrir el cajón de la
    mesa de noche
por temor a encontrar la pistola con la que debería pegarme
    un tiro.
Últimamente las noches me mantienen literalmente en vilo,
y los amaneceres se me echan encima como perros furiosos,
arrancándome pedazos de mí mismo,
buscándome con saña el corazón.
La luz no hace más que enfurecer a esos perros enloquecidos
que no son exactamente las mañanas,
sino lo que ellas alumbran o provocan:
la memoria de dientes amarillos,
el remordimiento de fauces rencorosas
el miedo de letal aliento gélido.

Hay mañanas que no deberían amanecer nunca
para que la luz no despierte lo que estaba dormido,
lo que estaría mejor dormido
y aún en el sueño vela, acosa, hiere.

[71]

II

He aquí que, tras la noche,
llegas, día.
Golpea hoy con tu gran aldaba de luz mi pecho,
entra con todo tu espacio azul en mi corazón ensombrecido.
Que levanten el vuelo los pájaros dormidos en mi alma,
que llenen con su alegre griterío la mañana del mundo,
de mi mundo cerrado
los domingos y fiestas de guardar
secretos indecibles.

Hágase hoy en mí tu transparencia,
sea yo en tu claridad.
Y todo vuelva a ser igual que entonces,
cuando tu llegada
no era el final del sueño,
sino su deslumbrante epifanía.

TAN LEJOS

Tan lejos, hoy, de aquello,
pervive sin embargo tanto entonces aquí,
que ahora me parece que no fue ayer
un sueño.

DOS VECES LA MISMA MELODÍA

Absuelto por la música,
emerjo del Jordán del contrapunto
limpio de pasado:
nada que recordar.
Todo ante mí, como ante Dios, presente.
Ahora
esa fuga
de lo que se deslíe
en la pura corriente de la vida,
es imposible ya:
                           la refrena
—y tú no lo creías—
con firmeza un violín,
y todo permanece
no en la memoria de un ayer ya muerto,
sino en su terco, reiterado canto.
Tranquilo, corazón; en tus dominios
—así como lo oyes—,
lo que fue sigue siendo y será siempre.

[77]

AQUELLA LUZ

¡Volver a ver el mundo como nunca
había sido..!

En los últimos días del verano,
el tiempo detenido en la gran pausa
que colmaría setiembre con sus frutos,
demorándose en oro
octubre,
                y el viento de noviembre que llevaba
la luz atesorada por las hojas
muertas hacia más luz,
                            arriba,
                                    hacia
la transparencia pálida de un cielo
de hielo o de cristal
cuando diciembre
y la luna de enero
hacían palidecer a las estrellas:
altas constelaciones ordenando
la vida de los hombres,

el misterio tan claro,
la esperanza aún más cierta...

Aquella luz que iluminaba todo
lo que en nuestro deseo se encendía
¿no volverá a brillar?

Marginales
Nuevos textos sagrados

*